AF581343

MEMOIRE SIGNIFIÉ,

POUR François Matissart, & Marie Feugere son épouse, Seigneurs Engagistes de la Haute Justice du Village de Souchet & du Carieul, Appellans d'une Sentence renduë par les Tresoriers de France au Bureau des Finances à Lille le 16 Avril 1728.

CONTRE Dame Marie-Françoise Pinot, veuve de Jean-Guillaume Fruleux, Intimée.

Et encore M. le Procureur General, Demandeur en Requeste d'intervention.

LA question soumise à la décision de la Cour, est de sçavoir à qui, du Roi ou de la Dame Fruleux, appartient le droit de planter & d'abattre dans un paschis devant le Château du Carieul, & le long des grands chemins.

Monsieur le Procureur General reclame ce droit comme appartenant au Roi; il a presenté sa Requeste d'intervention, par laquelle il conclut à ce que les Sieur & Dame Matissart soient maintenus dans le droit & possession de plantisson & abatisson, sur tous les grands chemins de la Haute Justice de Souchet, & notamment sur le paschis du Carieul dont est question, & que défenses soient faites à la Dame Fruleux, & à tous autres de les y troubler.

La Dame Fruleux n'a aucun titre legitime pour contester au Roy le droit dont il s'agit; le seul titre solemnel par elle produit condamne hautement sa pretention.

FAIT.

Le Roi est Seigneur du Château de Lens d'où relevent differentes Seigneuries, & le Roi est le Seigneur Haut Justicier de tous ces differens territoires.

Ce premier fait important n'est point contesté, la Dame Fruleux reconnoît le Roi pour Seigneur suzerain de la Terre de Souchet, elle convient que le Roi est seul Haut Justicier de Souchet.

Dans la Paroiſſe de Souchet eſt un autre Fief appellé le Carieul ; une petite portion de ce Fief relevoit anciennement du Seigneur de Souchet ; mais en 1535. le proprietaire du Fief du Carieul, nommé Simon Leborgne, a eſté condamné à mort, la confiſcation a eſté acquiſe au Seigneur du Château de Lens, en ſa qualité de Seigneur Haut Juſticier. Il y a donc près de deux ſiecles que le Seigneur du Château de Lens eſt proprietaire du Carieul, ſa proprieté eſt un fruit de ſa Haute Juſtice.

Les Seigneurs de Souchet n'ont point eſté aſſez temeraires pour conteſter au Seigneur du Château de Lens le droit de confiſcation, mais de tems en tems ils ont fait differentes tentatives pour uſurper une portion des droits du Seigneur ſuzerain.

La plus ancienne tentative eſt de 1627. il s'agiſſoit de la conſtruction d'un Pont ſur le pachis devant le Château du Carieul, que le Seigneur de Souchet pretendoit empêcher.

Cette piéce de terre eſt ſituée preciſement devant le Château du Carieul, il faut neceſſairement la traverſer pour entrer dans le Château du Carieul, de trois côtés elle eſt environnée des terres qui compoſent la Ferme du Carieul, il y a un Pont à l'extremité de cette piéce de terre du côté du Château du Carieul, dont un bout a ſes fondemens dans le paſchis, & l'autre bout ſur l'entrée du Château, de maniere que l'on ne peut entrer dans le Château ſans paſſer ſur ce Pont qui eſt auſſi ancien que le Château.

En 1627 le Fermier du Carieul voulut faire conſtruire un autre Pont ſur le petit ruiſſeau qui traverſe le paſchis, à l'effet de faciliter l'entrée du Château du Carieul; l'exemple de celui qui ſubſiſtoit de toute ancienneté autoriſoit le Fermier ; néanmoins le Seigneur de Souchet s'oppoſa à la conſtruction de ce ſecond pont ; cette oppoſition viſiblement injuſte excita le miniſtere du Subſtitut de M. le Procureur General au Bailliage de Lens, à pourſuivre la main-levée de l'oppoſition du Seigneur de Souchet, ce qui fit la matiere d'une conteſtation ſérieuſe ; il y eut un plan dreſſé de l'état des lieux. La Dame Fruleux l'a produit en cauſe principale, ſans expliquer à quel ſujet cet ancien plan avoit été dreſſé.

Depuis l'appel interjetté de la Sentence des Tréſoriers de France de Lille ; les Sieur & Dame Matiſſart ont recouvré l'original des répliques fournies par le Procureur du Roy du Bailliage de Lens dans la conteſtation de 1627. par leſquelles cet Officier établit ſolidement le droit du Seigneur du Château de Lens ſur le paſchis du Carieul.

La Dame Fruleux obſerve que l'on ne juſtifie point quel a eſté le ſort de cette conteſtation, elle pourroit facilement nous en inſtruire, puiſquelle a repreſenté l'ancien plan qui faiſoit partie des piéces de cette inſtance.

La preuve que ce plan a eſté dreſſé à l'occaſion de la conteſtation de 1627. c'eſt que dans les répliques fournies par le Subſtitut de M. le Procureur General au Bailliage de Lens, les lieux ſont indiqués par les lettres alphabetiques marquées ſur le plan, il s'y rencontre une parfaite conformité ; en ſorte que ſi le ſuccès de cette contestation eût été favorable au Seigneur de Souchet, la Dame Fruleux auroit également produit le Jugement; mais malgré la discretion affectée de l'Intimée qui produit le plan, qui étoit une des piéces de cette instance, & qui suprime toutes les autres; la construction du Pont qui existe encore actuellement, est une preuve autentique que la contestation a esté jugée à l'avantage du Seigneur du Château de Lens.

La seconde tentative des Seigneurs de Souchet est en 1689. Le Roi avoit engagé la Ferme du Carieul au sieur du Cardonnois; en 1688. le sieur de Launoy, Seigneur de Souchet, fit saisir feodalement le Fief du Carieul, prétendant qu'il relevoit de lui; il avoit pareillement envoyé ses Officiers exploiter dans le Château du Carieul; ils avoient dressé un procès verbal de saisie & enlevé les meubles.

Le sieur du Cardonnois se plaignit de ces deux entreprises; il obtint deux Sentences contradictoires au Bailliage de Lens, l'une déclare la saisie feodale nulle; l'autre prononce la nullité de la saisie, ordonne le remplacement des meubles, fait défenses aux Officiers de Souchet de faire aucun acte de Justice en la maison du Carieul, prez & terres en dépendans.

Le sieur de Launoy a interjetté appel de cette Sentence au Conseil Provincial d'Artois, où il étoit intervenu Sentence qui lui avoit permis de prouver sa mouvance, tant par titres que par témoins

Appel de cette Sentence par le sieur du Cardonnois; Arrest en 1696. qui infirme la Sentence du Conseil Provincial d'Artois, confirme les Sentences du Bailliage de Lens, & faisant droit sur l'intervention du Receveur du Domaine, maintient & garde le Seigneur Roi au droit de Justice & mouvance sur le lieu du Carieul, fait défenses au Seigneur de Souchet de l'y troubler & le condamne en tous les dépens.

La troisiéme tentative des proprietaires du Fief de Souchet, concerne les droits honorifiques dans la Paroisse de Souchet.

Il a plû au Roi de démembrer du Bailliage de Lens la Haute Justice du Carieul & de Souchet, qui ne forment qu'une seule & même Paroisse; les Sieur & Dame Matissart s'en sont rendus adjudicataires.

Le mari de l'Intimée s'avisa de contester aux Sieur & Dame Matissart les droits honorifiques, & le droit de permettre les danses & jeux publics, pour soutenir une semblable contestation, il falloit des titres de la part du Seigneur de Souchet, il n'en avoit point d'autres que ceux que l'Intimée produit, dont son mari reconnut l'insuffisance; car presque toute sa défense ne consistoit que dans la possession qu'il articuloit, qu'il faisoit remonter à un tems très reculé, il avoit même presenté Requeste, à ce qu'il lui fût permis de faire preuve de cette possession.

Par Arrest en 1719. la Cour sans avoir égard à la Requeste dont le sieur Fruleux a esté débouté, les Sieur & Dame Matissart, en qualité d'Engagistes de la Haute Justice, ont esté maintenus dans la possession des droits honorifiques, & dans le droit de permettre les danses & jeux publics.

La quatriéme tentative de l'Intimée, c'est de faire abattre, de son autorité privée, les arbres qui sont dans le paschis devant le Château du Carieul qui en font le principal ornement; elle a de même fait abattre les arbres qui étoient le long d'un grand chemin qui conduit à Saint Omer, quoique son Fief de Souchet ne s'étende point sur ce chemin, les hériages qui bordent ce chemin relevent du Carieul.

Les Sieur & Dame Matissart ont obtenu une Ordonnance au bas d'une Requeste, qui fait défenses à l'Intimée d'abattre, elle a méprisé ces défenses; les Sieur & Dame Matissart se sont pourvûs, ils ont conclus au payement du prix des arbres abattus, défenses de continuer, & que l'Intimée fût condamnée aux dommages, interests, & aux dépens.

La Dame Fruleux a eu assez de crédit devant les Juges dont est appel pour d'un procès en faire deux, elle a separé la question qui concerne les arbres du paschis devant le Carieul, & les arbres qui sont le long du chemin; elle a fait disjoindre ces deux objets par une Sentence, ils ont esté instruits separement, jugés par deux Sentences; l'une des Sentences du 16 Avril 1728. déclare les Sieur & Dame Matissart non-fondez & non recevables dans leurs fins & conclusions, en consequence leve les défenses portées par l'Ordonnance du 25 Octob. 1725. & les condamne en tous dépens, dommages & interests.

L'autre du 12 Juillet 1729 déclare les Sieur & Dame Matissart non-fondés dans les fins & conclusions de leur Requeste, & les condamne aux dépens; ordonne cependant que le procès demeurera déposé au Greffe pendant un mois, pour en prendre, par le Receveur du Domaine de la Province, communication, auquel effet la Sentence lui seroit communiquée à la diligence du Substitut de M. le Procureur General au Bureau des Finances de Lille.

Par cette seconde Sentence, l'on préjuge bien disertement que le droit de planti & d'abati sur le grand chemin, appartient au Roi; les Sieur & Dame Matissart sont également Appellans de cette Sentence, & se plaignent de ce que la Sentence les déboute de leur demande, leur qualité d'Engagistes de la Haute Justice appartenante au Roy, étoit suffisante contre la Dame Fruleux.

L'appel de ces deux Sentences forme deux differens procès; l'un au rapport de M. l'Abbé Lemoine; l'autre distribué à M. de Vienne. La Dame Fruleux s'est imaginée qu'il lui étoit plus avantageux de presser le Jugement de l'appel de la premiere Sentence qui prononce sur le droit de planti & d'abatis dans le paschi devant le Carieul; les Sieur & Dame Matissart ont bien voulus lui laisser le choix, quoiqu'elle n'ait pas le moindre pretexte pour soutenir le procès qui concerne le droit de planti & d'abati sur le chemin d'Arras à Bethune, ce chemin n'est point de son Fief, & les héritages qui bordent ce chemin; ne sont ni de sa mouvance ni de sa censive, mais elle n'en sera pas plus avancée, parce que la fin de non-recevoir qu'elle pretend avoir acquise au sujet du paschis du Carieul est inutile & mal-fondée; point de qualité de la part de l'Intimée pour autoriser un droit de planti & d'abati, ses propres titres s'élevent contre sa pretention.

Par la Requeste presentée par les Sieur & Dame Matissart, ils ont conclu à ce qu'il plût à la Cour mettre l'appellation & ce dont est appel

au

au néant, émendant les maintenir & garder en qualité d'Engagistes de la Haute-Justice de Souchet & du Carieul, dans tous les droits appartenans aux Hauts-Justiciers, & notamment dans le droit de planter & d'abbattre le long des chemins & dans le paschis du Carieul, faire défenses à la Dame Fruleux de les y troubler, la condamner à la restitution des bois abbattus, lui faire pareillement défenses de se qualifier Dame Viscontiere de Souchet, mais simplement Dame fonciere, la condamner en 10000 liv. de dommages & interests, & aux dépens des causes principales & d'appel.

La disposition de la Sentence dont est appel, paroîtra sans doute singuliere; elle déclare les Appellans non fondés ni recevables dans leurs conclusions.

Examen de la fin de non-recevoir.

Il est étonnant que des Juges qui n'étoient competens de connoître de la contestation, qu'autant qu'il s'agissoit d'un droit Domanial, se soient avisés de declarer des Engagistes non-recevables; ils doivent sçavoir, qu'il n'y a jamais de fin de non-recevoir contre le Roi; personne ne conteste cette verité; il convenoit d'autant moins à l'Intimée de la revoquer en doute, après l'Arrest solemnel de 1719. qui malgré les fins de non recevoir opposées par le défunt sieur Fruleux, a maintenu les Appellans en possession des droits appartenans à Seigneurs Hauts-Justiciers.

C'est encore un principe également certain qu'il n'y a point de possession contre le Roi, c'est toujours par le merite du fonds qu'il faut decider les droits que l'on dispute au Roi.

D'ailleurs cette pretendue possession de l'Intimée, a toujours été interrompue toutes les fois qu'elle a été connue; il a été observé qu'en 1627. le Substitut de M. le Procureur General au Bailliage de Lens, avoit soutenu les droits du Roi contre un Proprietaire du Fief de Souchet, la possession est demeurée au Roi, puisque le pont a été construit, & qu'il existe encore.

En 1689. & 1690. Sentences du Bailliage de Lens, qui repriment les entreprises d'un Proprietaire du Fief de Souchet; l'une déclare la saisie feodale du Carieul nulle; l'autre casse la procedure faite par ses Officiers dans le Château du Carieul, & fait des défenses à ses Officiers de faire aucun acte de Justice en la maison du Carieul, prez & terres en dépendans.

Ces Sentences ont été confirmées par l'Arrest de 1696. & l'Arrest ajoute, maintient & garde le Seigneur Roy au droit de Justice & mouvance sur le lieu du Carieul.

En 1719. autre Arrest qui maintient les Engagistes de la Haute-Justice, appartenante au Roi, dans tous les droits des Seigneurs Hauts-Justiciers à l'exclusion du Proprietaire du Fief de Souchet, dont la prétendue possession a été proscrite par le même Arrest qui ne lui reserve que les droits dûs à Seigneur de Fief, & à raison de l'étendue de son Fief.

Le droit dont il s'agit ne peut offrir des preuves d'une possession journaliere ; des arbres ne sont point coupés & abbattus au moment qu'ils sont plantés ; la grosseur & la hauteur des arbres que l'Intimée a fait abbattre, constatés par un procès verbal, prouvent qu'ils étoient fort anciens ; il est un fait notoire avoüé par l'Intimé, que le Roi lors de la construction de la Citadelle d'Arras, avoit fait abbattre les arbres sur le territoire dont il s'agit, ce qui suffiroit pour prouver la possession en faveur du Roi.

Il est vrai que l'Intimée prétend que le Proprietaire du Fief de Souchet a reçû le payement & l'indemnité de cet abbati ; mais nulle preuve telle qu'elle soit de ce prétendu payement ; cependant s'il étoit veritable, il en seroit resté des monumens autentiques ; l'indemnité auroit été reglée & fixée par des Commissaires nommés par le Roi. Il y auroit eu des procès verbaux, & ce payement se trouveroit écrit dans des Registres publics ; il auroit été alloué en dépense dans des comptes qui sont conservés dans des dépôts publics ; on ne supolera point en faveur de l'Intimée un fait qui offriroit des preuves geminées, s'il étoit veritable.

Quel est donc le pretexte de la fin de non-recevoir opposée ; car jusques-ici la preuve de la possession est en faveur du Roi ; les Arrests de 1696. & 1719. sont des titres autentiques en faveur du Roi, & doivent produire des fins de non-recevoir insurmontables contre l'Intimée ; elle oppose un Arrest rendu en 1703. le compte fidele que l'on va rendre de la contestation terminée par l'Arrest de 1703. fera sentir la difference, & ne permettra pas de douter un seul instant que cet Arrest ne peut estre opposé au Roi avec qui il n'a point été rendu, & qu'il juge une question entierement differente de celle dont il s'agit.

En 1688. le Roi avoit engagé la Cense du Carieul au sieur Boistel du Cardonnois, devenu proprietaire, il s'est appliqué à remedier aux usurpations du Seigneur de Souchet. Les unes concernoient les droits de la Justice & son étendue ; le sieur du Cardonnois n'avoit aucune qualité pour soutenir de semblables contestations ; la Justice ne lui avoit point été engagée, ni même la feodalité ; c'est par cette raison qu'il a emprunté en 1696. le secours du Receveur du Domaine avec qui l'Arrest a été rendu.

La proprieté des heritages qui devoient composer la Ferme du Carieul, faisoit l'objet des autres contestations ; telle étoit celle qui a donné lieu à l'Arrest de 1703.

Le sieur Boistel du Cardonnois prétendoit que le paschis devant le Carieul, faisoit partie de la Ferme du Carieul ; c'est à raison de la proprieté du fonds, qu'il prétendoit le droit de planter & d'abbattre.

Si le sieur du Cordonnois fût parvenu a établir la proprieté du fonds, par une suite necessaire, les arbres plantés sur le même fonds lui appartenoient ; il faisoit valoir la situation de cette piece de terre ; sa dénomination qu'il prétendoit être le paschis du Carieul ; la construction des ponts ; il produisoit d'anciens aveux & dénombremens du Carieul, qui justifioient qu'il y avoit une piece de quatre mencaudées ou environ, plantée d'arbres, qui devoit faire partie de la Ferme.

Le Proprietaire du Fief de Souchet deffendoit à la demande du sieur du Cardonnois pour estre remis en possession de cette piece de terre ; en soutenant que c'étoit un paschis, ou commune, que de tems immemorial les Habitans du Souchet y menoient paistre leurs bestiaux ; que la piece mentionnée dans les aveux & dénombremens étoit située ailleurs.

Cette constation portée au Bailliage de Lens, il y a eu une premiere Sentence qui a ordonné que les Habitans de Souchet seroient mis en cause.

Ces Habitans ont articulé leur possession ; il y a eu seconde Sentence qui a admis la preuve respective ; les Enquêtes faites, troisiéme Sentence qui déclare le sieur du Cardonnois non-recevable en la proprieté par lui prétendue de la place dont il s'agissoit.

Appel de cette Sentence au Conseil Provincial d'Artois, Sentence qui la confirme, appel en la Cour, Arrest confirmatif.

Nul doute que l'Arrest qui confirme purement & simplement une Sentence ne juge rien autre chose que ce qui est jugé par la Sentence confirmée ; or la Sentence confirmée juge que le sieur du Cardonnois n'étoit pas recevable à prétendre la proprieté de la piece de terre, par une consequence tacite, mais necessaire ; le droit de planter & d'abattre dans cette piece de terre, puisque ce n'est qu'à raison de la proprieté que le sieur du Cardonnois prétendoit ce droit, il n'avoit aucune autre qualité telle qu'elle fut pour contester au Proprietaire du Fief de Souchet, le droit de planter & d'abbattre.

Si la Sentence, après avoir déclaré le sieur du Cardonnois non-recevable en la proprieté, eût ajouté, en consequence maintient & garde le Seigneur de Souchet au droit & possession de planter & d'abattre ; cette Sentence, quoique confirmée, ne seroit point un titre en faveur du Proprietaire du Fief de Souchet contre le Roi ; la raison c'est qu'elle seroit renduë avec un Particulier qui n'auroit point esté Partie capable pour contester ; la fin de non-recevoir seroit relative & non absoluë : ce seroit *res inter alios judicata*, qui ne pourroit nuire ni prejudicier au Roi, ni même à tout autre Seigneur Haut Justicier.

Les Sieur & Dame Matissart ont une autre qualité que le sieur du Cardonnois ; ils ne sont pas simplement Proprietaires du Carieul, mais ils sont Seigneurs Hauts Justiciers de Souchet & du Carieul ; ils tiennent ce droit du Roi à titre d'engagement, en qualité de Proprietaires de la Ferme du Carieul ; ils ne peuvent empêcher les Habitans de Souchet de mener leurs bestiaux paître sur la piéce de terre dont il s'agit ; mais à qui appartient le droit de planter & d'abattre sur cette piéce de terre devenuë commune ? Est-ce au simple Proprietaire du Fief de Souchet, ou au Seigneur Haut Justicier du territoire ? Telle est la question soûmise à la décision de la Cour, qui certainement n'a point été & n'a pû être decidée par la Sentence confirmée par l'Arrest de 1703. cette verité est par elle-même si sensible & si évidente, qu'il est impossible de s'y refuser du moment qu'elle est entenduë.

Il y a cette difference importante sur la fin de non-recevoir respectivement opposée, qu'indépendamment de la Jurisprudence universelle du Royaume, qui n'admet point de fins de non-recevoir contre le Roi ; l'on oppose à la Dame Fruleux deux Arests rendus avec des Proprietaires du Fief de Souchet ; celui de 1719. est rendu contre son mari ; ces deux Arrests jugent disertement les droits de Justice & de mouvance en faveur du Roi ; l'un sur la poursuite du Receveur du Domaine de la Province, l'autre rendu à la diligence de l'Engagiste de la Haute Justice du Carieul & de Souchet, au lieu que la Dame Fruleux oppose au Roi l'Arrest de 1703. qui n'est point rendu avec le Roi, il n'est point rendu sur les conclusions de Monsieur le Procureur General, & cet Arrest ne juge qu'une simple question de proprieté d'une piéce de terre ; ce qui n'a absolument rien de commun avec la question presente qui se doit décider par le droit de Justice, par la qualité de la Justice, & par l'étenduë de la Justice.

Examen de la question sur le fonds.

La Coutume d'Artois qui regit les Parties, distingue trois sortes de Justice, la fonciere Viscomtiere & la Haute ; ces expressions, quoique differentes, quadrent à celles des autres Coutumes, haute, moyenne & basse Justice.

Cette Coutume fait l'énumeration d'une quantité de differens droits qu'elle partage entre ces differens Justiciers à proportion de leur Justice ; le Foncier a ses droits ; le Viscomtier, outre les droits du Foncier, en a encore de plus importans, & ainsi du Haut Justicier, dont les droits sont plus importans, sa Justice étant aussi beaucoup plus distinguée.

Pour joüir du droit de planti & d'abati sur les Communes, & le long des grands chemins, il faut, suivant le Coutume d'Artois, être au moins Seigneur Viscomtier ; le Seigneur Foncier ne peut absolument joüir de ce droit.

Le même article qui defere ce droit au Viscomtier, à l'exclusion du Foncier, fixe l'étenduë du droit par l'étenduë du droit du Viscomtier, & non au-delà ; si la Justice Viscomtiere ne s'étend que d'un côté du chemin ; le Justicier Viscomtier n'a le droit de planter & d'abattre que du côté de ce chemin.

Article cinq de la Coutume d'Artois.

La Justice du Viscomte se extend és flots & flegards, chemins & Voiries étans alencontre des tenemens de son Fief : en fachon si les héritages d'un côté & d'autre sont à lui, ou de lui tenus, telles voyes & chemins, & ce qui croit du tout, le droit de Justice & Seigneurie d'iceux lui appartient, & se les héritages de l'un des côtés sont seulement tenus dudict Seigneur Viscomtier, ladite Justice s'extend en la moitié seulement desdits chemins, & à l'endroit d'iceux tenemens.

C'est un principe incontestable en matiere de Justice, que celui qui a le plus a le moins, la Haute Justice comprend la moyenne & la basse ; il n'en est pas de même de la basse & de la moyenne, qui n'a que la basse Justice ne peut prétendre la moyenne ; de même le moyen Justicier

ticier ne se peut prétendre Haut Justicier ; c'est ce que Me Claude Duplessis nous apprend dans son Commentaire sur la Coutume de Paris, Traité des Fiefs, liv. 8. chap. premier, qu'il y a trois sortes de Justices, Basse, Moyenne & Haute, *quæ habet potest ıtem*, & comprend les deux autres.

C'est ce que la Coutume d'Artois fait entendre bien clairement par les termes qui commencent l'art. 4. le Viscom er, outre les droits du foncier, &c. ce qui prouve que la Justice V cemt e englobe la fonciere, & réünit les droits attribués à l'un & à l'autre.

C'est une erreur grossiere de prétendre que la Haute Justice n'a pas le même avantage ; le principe general & l'exemple de la Justice Viscomtiere, devroient suffire pour proscrire cette erreur ; mais l'on peut encore assurer la même verité par la disposition de la Coutume de Lille, à laquelle on a recours, quand celle d'Artois est muette, & par l'origine de ces differentes Justices.

L'article 17 de la Coutume de Lille porte, qu'aux Seigneurs Justiciers ou Viscomtiers competent & appartiennent, s'il n'apert du contraire, tous les chemins, frons, flegards, flots & rejets, & les arbres & plantins croissans sur iceux, étant & abordans à l'endroit de leurs Fiefs & Seigneuries, ou des héritages tenus de leursdites Seigneuries, & s'ils marchissent & abordent à deux & diverses Seigneuries, ils competent à tels Seigneurs chacun par moitié aussi avant qu'ils sont abordans à leusdites Seigneuries où héritages tenus d'icelle.

Nous apprenons de Me Charles Loyseau l'origine de la distinction des differentes Justices, c'est dans son Traité de l'abus des Justices de Village pages 6 & 7. de l'Edition de 1640.

Les Seigneurs qui s'étoient arrogé le droit de juger leur Vassaux & Censitaires, commettoient une personne pour juger en leur absence ; l'on a donné à ces Juges commis differens noms, suivant l'usage des differentes Provinces, ou suivant les titres des terres ; les uns s'appelloient Vicomtes, *quasi Comitum Vicem gerentes* ; les autres Prevôts, *quasi prepositi Juridicundo*, ou bien des Viguiers, *quasi Vicarii Comitum*, & des Châtelains, *quasi Castrorum custodes*.

Dans la suite les Seigneurs presens renvoyoient les causes legeres à décider à ces sortes de Juges, & ne se reservoient que les importantes ; de-là vient la distinction des Justices, hautes, moyennes & basses, la quotité du droit contesté, sa valeur formoient la competence du Juge ; d'où il s'ensuit que la moyenne & basse Justice, ne sont que des démembremens de la haute Justice ; par consequent s'il n'y a pas de démembrement, la haute Justice réünit la moyenne & la basse, & par une suite nécessaire tous les droits indistinctement qui sont des appanages de la Justice, sans que pour lors il soit nécessaire de distinguer les differens droits ; cette distinction n'étant nécessaire que quand il y a differens Justiciers au moyen du démembrement.

Ces principes établis qui ne devroient point trouver de contradicteur, la question est facile à décider.

Il est incontestable que le Roi est Souverain Seigneur Haut Justicier dans toute l'étenduë de son Royaume ; les Justice des Seigneurs dévenuës patrimoniales, ne sont que des concessions & des graces particulieres émanées de sa bonté & de son autorité; le Roi seul a droit d'ériger les Justices, de les supprimer, & de les démembrer, suivant son bon plaisir; un bon & fidel sujet ne s'avisera jamais de contester ce principe.

De l'aveu de la Dame Fruleux, le Roi est non-seulement Seigneur suzerain de Souchet, à cause de son Château de Lens, & il est Seigneur Haut Justicier de Souchet & du Carieul, qui ne forment qu'une seule & même Paroisse.

Il a plû au Roi d'engager aux Sieur & Dame Matissart son droit de Haute Justice sur le Carieul & sur Souchet; il faut donc examiner si l'Intimée à des titres particuliers pour restraindre & limiter le droit general dont les Sieur & Dame Matissart se sont rendus adjudicataires.

Si la Dame Fruleux n'a point de titres pour restraindre & limiter le droit du Roi, il est certain qu'elle ne peut prétendre le droit de planter & d'abattre dans toute l'étenduë des Fiefs du Carieul & de Souchet; si elle a des titres, il faut limiter le droit de l'Intimée conformément à ses titres, elle ne peut obtenir plus que ses propres titres ne lui accordent.

Le titre le plus ancien & le plus autentique produit par l'Intimée, est un aveu & dénombrement de 1385. il est en forme probante, il est tiré du vieux Livre blanc, reposant és Archives du Bailliage de Lens, F° 46. R°.

Ce titre seul doit faire la Loi respective des Parties, parce que non-seulement cet acte forme une espece de contrat entre le Seigneur & le Vassal; mais la Dame Fruleux a produit cette piéce, elle en a excipé.

Par cet aveu fourni par un Seigneur de Souchet au Seigneur du Château de Lens; on exprime tous les droits qui appartiennent au Fief de Souchet, il n'y est fait mention en aucune maniere de la Justice Viscomtiere; au contraire elle se trouve nommément excluse.

Deux preuves incontestables de cette verité.

La premiere, l'aveu & dénombrement fait l'énumeration des differens droits qui appartiennent au Fief de Souchet, il est expressement dit que c'est à cause de sa Justice fonciere.

Si l'aveu & dénombrement avoit gardé le silence sur la qualité déterminante le droit déclaré, peut-être que l'on pourroit équivoquer sur la qualité de la Justice; mais l'aveu & dénombrement n'a laissé sur cela aucun doute, il est dit formellement que c'est à cause de la Justice fonciere de Souchet, *ne verbum quidem* de la Justice Viscomtiere dans tout l'aveu & dénombrement, & l'on trouve la Justice fonciere dix fois repetée.

La seconde preuve résulte de la disposition de la Coutume de la Province; il a été observé que la Coutume d'Artois dans l'article 4. attribuoit au Seigneur Vicomtier, tous les droits du Seigneur foncier; en sorte que si ce Seigneur de Souchet qui a presenté cet aveu & dénombrement avoit eu la Justice Vicomtiere, il n'eût point fait mention de la Justice fonciere; la raison, c'est que la Viscomtiere renferme la fonciere; il se seroit contenté d'exprimer la qualité de Viscomtier, comme comprenant celle de foncier; les droits auroient été déclarez en general tels qu'ils appartenoient à Seigneur Viscomtier; la Coutume eût fixé & reglé la quotité & l'étenduë des droits, au lieu que dans cet aveu il n'y est point parlé en aucune façon de la Justice Viscomtiere, mais seulement de la Justice fonciere; cette expression se trouve dix fois repetée; l'on y trouve le droit de planti & d'abati; mais ce n'est point en qualité de Seigneur Viscomtier que le proprietaire de Souchet se l'attribuë; l'étenduë de la Justice ne regle point ce droit déclaré; c'est en vertu d'une concession particuliere qui limite ce droit du Seigneur de Souchet devant son manoir, le long de ses fossez, & devant le sault de son moulin.

Si l'on s'en tient au principe general de la France, point de Justice, si ce n'est en vertu d'une concession du Roy. De la part de l'Intimée, aucun titre qui puisse justifier une concession.

Si au défaut de titre, l'on a recours aux aveux & dénombremens, quelquefois l'on présume la concession quand les aveux & dénombremens sont anciens, qu'ils sont rapportez en forme probante, que l'on voit une suite d'aveux & dénombremens conformes les uns aux autres, qui tous expriment le même droit; mais ici cette présomption ne peut estre admise, parce que l'aveu le plus ancien, le plus solemnel & le plus autentique, prouve la négative contre le Seigneur de Souchet. Cet aveu & dénombrement ne lui attribuë que la Justice fonciere, & non la Justice Viscomtiere.

Ce fait extrêmement important, assuré par le titre representé par l'Intimée, elle ne peut prétendre la Justice Viscomtiere sans un titre posterieur à l'aveu qui soit une concession du Roy, tout autre titre qui ne serviroit qu'à faire présumer la concession, deviendroit inutile.

En effet, un Seigneur qui de toute ancienneté, seroit en possession d'un droit de Justice, qui prouveroit sa possession paisible & suivie par differens aveux & dénombremens, on peut en sa faveur présumer une concession. La raison, c'est que rien ne s'oppose à la présomption; au contraire tout concourt à la favoriser. Mais quand un Seigneur ne peut representer une concession, & qu'il y a un ancien aveu & dénombrement, qui prouve d'une maniere à n'en pouvoir douter, que ce Seigneur n'a que la Justice fonciere & non Viscomtiere, pour lors la présomption contraire ne peut plus estre reçûë. La raison, c'est que tout ce qui tendroit à favoriser la présomption, ne peut passer que pour une usurpation de la part de ce Seigneur; l'état du Fief étoit assuré; il faut des titres constitutifs, c'est-à-dire des titres qui justifient une concession du Roy qui ait changé cet ancien état du Fief, qui en ait augmenté les droits; sans cela il faut réprimer l'entreprise faite au préjudice des droits du Roy.

Inutilement la Dame Fruleux a voulu commenter l'aveu & dénombrement de 1385. obligée de convenir que ce titre ne parle point de la Justice Viscomtiere, mais seulement de la Justice fonciere, plusieurs fois repetée, elle devoit s'en tenir-là, sans avoir recours à une miserable subtilité, qui ne meritoit pas d'estre proposée.

Il y a differens droits exprimez dans l'aveu & dénombrement. La Dame Fruleux prétend que dans le nombre des droits déclarez, il y en a qui appartiennent au Seigneur Viſcomtier ; la conſequence qu'elle tire de ce fait ; qui n'eſt pas même veritable, c'eſt que le droit exprimé doit ſuppoſer & ſuppléer la qualité de Seigneur Viſcomtier non exprimée.

Pour ſentir l'abſurdité de ce raiſonnement, il ſuffit de diſtinguer les droits & la qualité qui les attribuë.

La qualité prouvée, par une ſuite neceſſaire, les droits ſont dûs, parce que c'eſt la qualité qui les défere ; mais il n'en eſt pas de même des droits, parce que celui qui en jouit pourroit les avoir uſurpez, ou il peut les avoir acquis en vertu d'un titre particulier, & dans ce cas la poſſeſſion du droit ne ſuppoſe point la qualité ; mais la poſſeſſion eſt reputée vicieuſe, ſi elle n'eſt juſtifiée par un titre particulier.

L'exemple de l'Arreſt de 1719. prouve cette verité ; le mary de l'Intimée articuloit que depuis 400 ans il étoit en poſſeſſion des droits honorifiques dans la Paroiſſe de Souchet ; à raiſon de cette longue & ancienne poſſeſſion, l'on n'a pû parvenir à faire préſumer une qualité de Seigneur Haut-Juſticier, parce que c'eſt la qualité qui attribuë le droit, & non pas le droit qui confere la qualité.

Dans l'aveu & dénombre de 1385. le Seigneur de Souchet dit, *item, ay à cauſe de mondit Fief, Juſtice & Seigneurie fonciere.* Voilà la qualité fixée irrévocablement ; par une ſuite neceſſaire, les droits appartenans à Seigneurs fonciers, ſont dûs au proprietaire du Fief. Mais il ne s'enſuit pas qu'en ſubtiliſant ſur les droits, l'on puiſſe changer cette qualité parfaitement exprimée, pour s'en attribuer une autre plus importante.

D'ailleurs il n'eſt point vrai que dans cet aveu l'on trouve des droits de la Juſtice Viſcomtiere. Il eſt dit, *item, ay à cauſe de mondit Fief, Juſtice & Seigneurie fonciere, & de toutes pieces de vin qui ſont venduës ès terres de mondit Fief, un lot pour l'aforage, & ſemblablement de tout breuvage.*

Dans la Coutume d'Artois, il y a un droit de forage & un droit d'afforage ; le forage eſt un droit de la Juſtice fonciere, l'afforage eſt un droit de la Juſtice Viſcomtiere ; l'un conſiſte à fixer le prix des boiſſons, l'autre à prendre une portion ſur ce qui ſe vend en détail.

La Dame Fruleux a été obligée de convenir qu'il y avoit erreur, qu'on avoit mis un *a* au lieu d'un *e*, qu'il falloit lire *le forage*, & non *l'afforage*. Ce qui arrache cet aveu, c'eſt que le droit déclaré eſt dû à raiſon du Fief & de la Seigneurie fonciere, par conſequent ce ne peut eſtre le droit d'afforage ; & ce qui aſſure encore la même verité, c'eſt que l'aveu & dénombrement explique en quoi conſiſte le droit déclaré ; c'eſt un lot de tout breuvage : or telle eſt la définition du droit de forage, qui ne peut convenir au droit d'afforage.

Pour prix de cette complaiſance forcée, la Dame Fruleux exige que l'on admette d'autres corrections en ſa faveur. Par exemple elle prétend que dans un endroit du même aveu, on lit *le forage*, elle veut que l'on mette *l'afforage* ; elle prétend qu'il y a *bonnage*, elle veut que l'on liſe

bornage,

bornage, parce que le droit de borner seroit un droit de la Justice Viscomtiere. Toutes ces petites subtilitez qui ont produit de grands efforts d'imagination, viennent échoüer contre les expressions de Fief, Justice & Seigneuries foncieres, perpetuellement repetées dans l'aveu & dénombrement.

Lorsque dans un acte ancien & solemnel, il y a quelque ambiguité, les raisonnemens sont admis ; l'on se détermine par la justesse & la solidité des raisonnemens; mais quand un acte est clair & intelligible, qu'il ne laisse rien à desirer, pour lors *cessant cavillationes*, ce sont les expressions du docte Peregrinus dans son Traité *de fideicommissis* art. 11. le Fief de Souchet a une Justice. Question : est-elle fonciere, Viscomtiere ou Haute ? les usurpations des Seigneurs de Souchet, ont eu quelque tems pour objet la Haute Justice; ils l'avoient inserée dans un aveu; la tentative n'a pas réüssi, l'aveu a été blâmé, & l'Arrest de 1719. a proscrit pour jamais cette prétention.

La Dame Fruleux voudroit du moins s'arroger la Justice Viscomtiere, puisque ses prédecesseurs n'ont pas pû réüssir à usurper la Haute-Justice ; mais l'aveu de 1385. forme un obstacle insurmontable ; la qualité de la Justice est fixée si expressément, qu'il ne peut y avoir le moindre doute ; c'est la Justice fonciere.

Si dans l'aveu il y avoit simplement *à cause dudit Fief & Justice*, la question pourroit demander un examen plus particulier, pour déterminer, du moins en connoissance de cause, la qualité de cette Justice non exprimée, encore differens moyens se réüniroient, pour prouver que cela ne pourroit s'entendre que d'une Justice fonciere : si la Justice eût été plus relevée, la distinction eût été exprimée ; mais quand la qualité est exprimée, & que l'expression se trouve dix à douze fois repetée dans le même acte, que l'on lit par tout *Justice fonciere*, est-il possible que l'on puisse former une question pour décider de la qualité d'une Justice, quand cette qualité est fixée & déterminée par l'acte.

Ainsi double moyen insurmontable contre la Dame Fruleux.

Le premier, impossible de douter de la qualité de sa Justice, déclarée dix à douze fois fonciere.

Le second, si le Seigneur de Souchet eût eu la Justice Viscomtiere, l'on n'eût point fait mention de la fonciere, puisque la Justice Viscomtiere comprend & renferme la fonciere.

Il est donc inutile de s'arrester plus long-tems à discuter les differens droits mentionnez dans cet aveu & dénombrement, que le Seigneur de Souchet a déclaré lui appartenir à raison de son Fief & de sa Justice fonciere.

Quelques efforts que l'on ait fait, l'on n'a pû obscurcir cette verité qui resulte des expressions tant de fois réiterées, de Justice fonciere ; mais l'on a séduit les premiers Juges par deux erreurs, qui soutenuës avec confiance, & non refutées, ont été reçûës pour des principes certains.

L'une de ces erreurs, est occasionnée par le terme *Pairie*. La Terre de Souchet est dite Pairie. L'on a prétendu que Pairie signifioit la haute

Justice, ou tout au moins la Justice Viscomtiere.

Cette alternative proposée suffisoit pour faire soupçonner la proposition ; il étoit bien difficile de penser que la même expression pût signifier deux choses qui sont néanmoins différentes ; car il n'est pas douteux qu'il n'y ait une extrême différence entre la haute Justice & la Justice Viscomtiere : il étoit même étonnant qu'après l'Arrest de 1719, qui proscrit cette prétention de haute Justice, l'on ait hazardé cette alternative.

L'on ne peut mieux manifester l'erreur qu'en rapportant la véritable signification du mot Pairie.

Par ce terme l'on entend un Vassal qui se joignoit à son Seigneur pour concourir avec lui à rendre la Justice ; le Pair aidoit son Seigneur de ses conseils.

Cette signification nous est enseignée par M[e]. Charles Loyseau dans son Traité de l'abus des Justices de Village, page 8. de l'édition de 1640. » L'ancienne coûtume des Seigneurs de Village étoit que quand » ils apprenoient qu'il s'étoit élevé des contestations entre leurs pay- » sans, ils les mandoient, les entendoient, & prononçoient ; à quoi » se rapporte le passage de César : *Principes pagorum inter suos jus di- » cunt controversiasque minuunt* : ce qui n'étoit pas une Jurisdiction » contentieuse, mais volontaire, & comme une amiable composition ; » toutesfois comme de tout tems les Gentilhommes s'en sont fait accroi- » re parmi les paysans, ils ne voulurent enfin estre dédits ; ains voulûrent » que l'on acquiesçât à leur dire, & pour y apporter plus d'autorité, ils » prenoient l'avis des plus apparens du Village, qu'enfin ils appellerent » Pairs de leur Cour.

La réputation de Me Charles Loyseau seroit suffisante pour garantir cette signification ; néanmoins cet Auteur prouve ce qu'il avance par les sentimens de Bouteiller & de du Tillet.

Il y a un grand nombre de Coûtumes dans le Royaume qui parlent des Pairs & des Fiefs tenus en Pairie : toutes entendent par cette expression ceux qui concourent à rendre la Justice dans le Tribunal du Seigneur ; l'on n'en trouvera aucunes qui de cette expression en fasse un attribut de Justice en faveur de celui à qui la qualité est donnée.

La Coûtume de Valois dans l'article 33, parlant du relief dû pour un Fief échu en collatérale, dit, que le nouveau vassal doit faire trois offres au Seigneur de qui son Fief releve, une certaine somme, le revenu d'une année, ou le dire des hommes de Fief, Pairs & vassaux dudit Seigneur.

Il est évident que ces vassaux qualifiés Pairs, font en cette partie fonctions de Juges ; ce qui n'est point un attribut d'un droit de justice en faveur de celui qui rend la justice au nom d'autrui.

La Coutume de Clermont en Beauvoisis dans les articles 199 & 200, déclare que le Comte de Clermont a droit de faire appeller ses vassaux pour juger à leurs risques, périls & fortunes les causes civiles & criminelles avec le Bailly, Gouverneur ou Lieutenant du Comte de Clermont.

L'on pourroit encore rapporter d'autre dispositions de différentes

Coûtumes qui parlent du concours des vassaux dans l'administration de la Justice, dans l'Auditoire du Seigneur Suzerain, & qui par-là méritent la qualité de Pairs : mais il suffira de consulter l'article 3 de la Coûtume de Lens qui régit les Parties ; car de l'aveu de l'Intimée Souchet releve de Lens. Il y a une Coûtume locale qui dans l'article cité parle des Pairs comme séants dans la Jurisdiction du Bailliage, & concourans à rendre la justice.

Cette signification du mot de *Pair* doit demeurer pour certaine, d'autant plus que l'Intimée n'a pû contredire aucune de ces autorités ; elle s'est contentée de les traiter de badinage : cette expression est peu convenable, & digne du dernier mépris.

Que devient après cela le certificat donné par les Officiers du Bailliage de Lens produit par l'Intimée ? Ces Officiers ignorant la véritable signification du mot de *Pair*, certifient que les douze Seigneuries Pairies qui relevent du Château de Lens ont la Justice Viscomtiere : Ces Officiers devoient attendre que la Cour voulût bien leur demander leurs avis, & pour lors ils auroient réfléchi avant de le donner, & se seroient fait instruire de la signification d'une Seigneurie en Pairie; mais gracieusement sans être priez ni mandez, ils ont accordé ce certificat à l'Intimée, qui supposant que la Pairie est attributive de Jurisdiction, décide sans même avoir examiné les titres, que le Proprietaire du Fief de Souchet à la Justice Viscomtiere. Belle décision, dont le motif n'est qu'une erreur, & dont l'aveu de 1385 prouve l'injustice.

La seconde erreur, c'est de prétendre que la Coûtume d'Artois décide qu'il suffit qu'un propriétaire de Fief ait des Vassaux pour qu'il ait une Justice Viscomtiere.

Il faut convenir que si ce fait étoit véritable, la Coûtume d'Artois renfermeroit une disposition bien singuliere qui n'auroit pas d'exemple & qui seroit contraire au principe général, que le Souverain est seul haut Justicier dans son Royaume, & que nul ne peut prétendre droit de justice, si ce droit ne lui a été concedé par le Roy : Aussi ne se trouve-t-il aucune disposition semblable dans la Coûtume d'Artois ; mais la proposition n'est fondée que sur une simple & fausse conséquence qu'il plaît à l'Intimée de tirer des articles 32 & 33 de cette Coûtume, que l'on prétend autoriser du sentiment d'un Commentateur moderne.

La simple lecture des articles citez, justifie que l'on donne un mauvais sens au texte de cette Coûtume.

En effet, ces deux articles supposent qu'il y a une Justice Viscomtiere non contestée; ensuite ils expliquent jusqu'où s'étend le droit du Viscomtier, tant pour l'aliénation de partie de son Fief, sans le congé du Seigneur Suzerain ; mais ces deux articles ne disent point que tous Seigneurs de Fiefs qui ont des vassaux, ont Seigneurie Viscomtiere.

L'article 41 de la même Coûtume, porte que les propriétaires des Fiefs non ayant Justice & Seigneurie, ne peuvent bailler lesdits Fiefs ou partie d'iceux en arrentement sans le congé du Seigneur ; par conséquent la simple qualité de propriétaire & possesseur de Fief, ne donne point le droit de justice ; cela dépend toûjours des titres. La Coûtume fait expressément la distinction de ceux qui ont la Justice, de ceux qui ne l'ont point.

L'article 32 commence par ces termes : *Il est loisible au Seigneur Viscomtier*, &c. L'article 33 : *Un Seigneur Viscomtier*, &c. *peut*, &c. Ces articles prouvent qu'il y a des Seigneurs Viscomtiers ; ils réglent l'étenduë de leur pouvoir ; mais ces mêmes articles sont bien éloignez de supposer Seigneur Viscomtier tout propriétaire de Fief ayant un vassal, de même que l'on ne trouvera dans cette Coûtume aucun article qui décide qu'un Seigneur foncier ne peut pas avoir de vassaux.

L'aveu & dénombrement de 1385 sert encore à manifester cette erreur ; car il comprend différens Fiefs comme relevans de Souchet ; cependant l'aveu & dénombrement n'attribuë au Seigneur de Souchet qu'une Justice fonciere.

Si la qualité de la Justice du Seigneur de Souchet n'étoit point déterminée par le dénombrement, & que pour la faire présumer Viscomtiere, il fit usage des différens vassaux qui relevent de lui ; peut-être qu'il pouroit se prévaloir de l'avis du Commentateur ; encore ce seroit une foible ressource du moment que cet avis n'est fondé sur aucune disposition de la Coûtume, & qu'il est contraire au principe général du droit de Justice. Mais ce qui est absolument décisif, c'est que l'aveu & dénombrement de 1385, fait l'énumération de tous les Fiefs qui relevent de Souchet, & cependant n'attribuë au Seigneur de Souchet que la Justice fonciere, il a donc été reconnu formellement lors de cet aveu que le nombre des vassaux n'étoit point attributif d'une Justice Viscomtiere.

Le droit du Seigneur de Souchet fixé irrévocablement par cet aveu & dénombrement, il s'ensuit que l'on ne peut le changer ni l'augmenter qu'en vertu d'un titre émané du Roi. Tout acte qui ne tend qu'à prouver une possession justifie une usurpation : Cette possession seroit inutile contre un simple particulier, parce que le titre réclame perpétuellement, & l'on ne peut prescrire contre son propre titre ; à plus forte raison cette possession ne peut être opposée au Roy de la part de l'Intimée aucun titre depuis 1385 qui lui ait acquis le droit de Justice Viscontiere.

L'on a produit des Lettres Patentes accordées par un Duc de Bourgogne en 1447, par lesquelles il remet au fils d'un Seigneur de Souchet la confiscation qui lui étoit acquise par la condamnation du pere : Dans ces Lettres on a énoncé une Justice Viscomtiere.

Ces Lettres ne sont point produites en forme probante ; c'est une copie collationnée sur une autre copie collationnée, sans qu'aucune des deux collations ait été régulierement faite.

D'ailleurs, une simple énonciation ne forme point un titre, & quand un Seigneur remet une confiscation qui lui est acquise, c'est une grace de sa part qui conserve le droit tel qu'il étoit auparavant, mais qui ne l'augmente point.

La Sentence de 1560. obtenuë par un Seigneur de Souchet contre le Chapitre d'Arras, ne justifie encore qu'une simple énonciation, & le Chapitre de l'Eglise d'Arras n'avoit ni qualité ni droit de contester l'énonciation.

Depuis 1385. il y a eu sans doute plusieurs aveux & dénombremens rendus, qui doivent estre conformes à celui de 1385. l'Intimé n'a pas jugé

jugé à propos de les produire, elle s'est contentée de representer celui de 1676. qui avoit été offert par le sieur de Launoi; c'est le Proprietaire du Fief de Souchet, dont les usurpations ont été reprimées par l'Arrest de 1696.

Il paroist que pour faire réussir l'usurpation, l'on avoit employé jusques à la surprise; car l'on avoit laissé un blanc avant l'expression *Justice* pour le remplir, après qu'il auroit été reçû de l'expression convenable à la qualité de la Justice qu'il auroit voulu s'attribuer; cette ruse n'a point réussi, l'aveu a été blâmé, ce Seigneur a été deux ans sans parvenir à le faire recevoir; en 1676. il a obtenu des Conclusions du Substitut de M. le Procureur General au Bailliage de Lens, par lesquelles cet Officier a declaré qu'il consentoit la reception de l'aveu, *sans préjudice des droits du Roi, ceux d'autrui s'en remettant aux titres.* C'est à ces conditions proposées par le Seigneur même de Souchet, que le denombrement a été reçû en 1678. Il n'est donc pas possible de faire usage de cette piece contre le Roi, puisque la reserve est formelle à ce sujet.

L'on ne croit pas qu'il soit necessaire d'entrer dans un plus long détail des pieces produites par l'Intimée, pour prouver une possession d'un droit de Justice; ce droit ne peut s'acquerir par la possession; c'est l'avis de tous les Jurisconsultes sur la Loy 20. ff. *de Jurisd. omn. jud.* Voici les raisons qu'ils rendent de leur décision: *Quia ea quæ sunt meri imperii ut est gladii potestas, & jus animadvertendi in facinorosos non prescribuntur, nec tempore acquiruntur, cum tam jurisdictio quam imperium in signum superioritatis competant, sintque juris publici, & qui mero imperio utitur, cum illud non habeat, in pœnam lezæ Majestatis, & pœnam privati carceris incidat.*

D'ailleurs cette possession a été souvent interrompue, les interruptions auroient été encore plus frequentes, si cette Province n'avoit point été si long tems le theâtre de la guerre.

Qui doute que le digne Magistrat chargé de défendre les interests du Roi, ne soit en droit de reclamer contre les usurpations des droits du Roi, quand elles parviennent à sa connoissance.

M. le Procureur General a presenté sa Requeste d'intervention, il conclut à ce que les sieur & Dame Matissart soient maintenus & gardés en possession du droit dont il s'agit; il se fonde particulierement sur l'aveu & dénombrement de 1385. qui fixe irrevocablement les droits du Proprietaire du Fief de Souchet, d'où il tire deux consequences, l'une que le Vassal ne peut prescrire contre son propre titre; l'autre que l'on ne peut opposer au Roi la prescription.

L'on a fait tenir à l'Intimée au sujet de cette intervention des discours peu décens, & que les usurpateurs empruntent toujours, elle se plaint amerement du zele de M. le Procureur General; elle le suppose mal instruit de l'affaire dont il s'agit, si on l'en croit, des affaires infiniment plus importantes auroient engagé ce grand Magistrat à s'en rapporter à l'un de ses Substituts; l'on a eu même l'imprudence, pour ne rien dire de plus, de soutenir que la Requeste signée de M. le Procureur General, étoit contraire aux interests du Roi. La preuve d'une ſi étrange propoſion, c'eſt que l'Intimée eſtime qu'il eſt de l'intereſt du Suzerain que le Fief du Vaſſal ſoit decoré de droits importans, même en diminuant ceux du Suzerain ; c'eſt ainſi que l'intereſt perſonnel aveugle l'Intimée, non ſeulement elle refuſe la juſtice dûe aux ſoins infatigables d'un grand & ſçavant Magiſtrat qui a pris une connoiſſance particuliere de l'affaire ; mais elle manque au reſpect qui lui eſt dû.

Des Magiſtrats chargés des fonctions penibles du miniſtere public, & qui s'en acquittent ſi dignement, meritent toujours les éloges du Prince, l'eſtime des Juges, & les reſpects des Peuples ; c'eſt une indiſcretion que l'on ne peut excuſer, que de les inſulter lorſqu'ils ſe rendent Parties pour ſoutenir les droits du Roi

Ce qui peut excuſer les expreſſions temeraires de l'Intimée, c'eſt l'ignorance qui les accompagne ; quel étrange paradoxe de ſoutenir qu'il eſt de l'intereſt du Roi de ſouffrir l'uſurpation de ſes Vaſſaux ? Que veulent dire ces expreſſions de juſtice en l'air ſi ſouvent repetées ? il ſe trouve des Fiefs en l'air, l'alienation des Domaines produit cet effet ; mais il n'y a jamais de Juſtice ſans territoire. La Haute-Juſtice dont il s'agit, eſt aſſignée ſur le territoire de Souchet & du Carieul ; ce n'eſt donc point ici une Juſtice en l'air ; une telle expreſſion ne conviendroit qu'à un coupable qui éprouveroit l'effet de la Juſtice.

Mal à-propos l'Intimée ſepare les intereſts perſonnels des Sieurs & Dame Matiſſart des intereſts du Roi, ils ſont ici confondus ; les Engagiſtes du Domaine joüiſſent des droits du Roi, mais ſous la condition de la reverſion à la Couronne quand il plaiſt au Roi de rentrer dans ſon Domaine alienė ; on ne peut ſoutenir les droits du Roi, ſans en même tems favoriſer les intereſts des Engagiſtes, tant que les engagemens durent, ſi l'Intimée avoit bien voulu reflechir un moment ſur cette verité inconteſtable, elle auroit eu plus de moderation ſur l'effet que produit l'intervention de M. le Procureur General dans cette conteſtation ; quant aux Sieur & Dame Matiſſart, c'eſt un effet neceſſaire qui ne peut être imputé à la partialité.

Ce n'eſt point encore aſſez d'avoir prouvé ſolidement que la Dame Fruleux n'a que la Juſtice fonciere, que par conſequent elle ne peut prétendre le droit de planti & d'abbati, mais il eſt encore deux moyens particuliers qui ſuffiroient pour proſcrire la prétention de l'Intimée.

L'un par l'aveu & dénombrement de 1385. le droit de planty & d'abaty du Seigneur de Souchet eſt fixé & limité, *devant ſon manoir au-devant des foſſés de ſon manoir, & devant le ſault de ſon moulin.*

De deux choſes l'une, ou le Seigneur de Souchet n'a point de Juſtice Viſcomtiere, par conſéquent il n'auroit point le droit de planty & d'abbaty ; ce ne ſeroit qu'à titre particulier qu'il auroit ce droit dans les trois endroits marqués par le dénombrement, ou s'il avoit Juſtice Viſcomtiere, elle ne s'étendroit pas plus loin que les trois endroits déſignés dans l'aveu & dénombrement.

Si le Seigneur de Souchet avoit eu Juſtice Viſcomtiere, l'on auroit exprimé purement & ſimplement le droit de planty & d'abbaty, l'étendue de la Juſtice auroit reglé l'étendue du droit ; mais du moment que l'aveu fixe le droit de planty & d'abbaty du Seigneur de Souchet devant ſon manoir au-devant les foſſés de ſon manoir, devant le ſault de ſon moulin; il faut neceſſairement conclure que ce Seigneur n'a que la Juſtice fonciere telle qu'elle eſt exprimée dans l'aveu & dix fois repetée en, tout ſens, le Seigneur de Souchet ne peut donc étendre ſon droit au-delà des endroits indiqués très-clairement par l'aveu & dénombrement.

L'autre moyen par l'Arreſt de 1696. confirmatif de deux Sentences du Bailliage de Lens, il eſt diſertement jugé que la mouvance & la juſtice appartiennent au Roi; l'une des Sentences confirmées par l'Arreſt avoit declaré nul les exploits de Juſtice faits dans la maiſon du Carieul par les Officiers de Souchet; la Sentence fait défenſes à ces Officiers de faire aucun acte de Juſtice en la maiſon du Carieul, prez & terres en dépendans; or le droit conteſté eſt ſur un paſchis devant le Carieul, ou l'Intimée n'auroit point droit d'étendre ſa Juſtice, en la ſuppoſant Viſcomtiere.

Ainſi de quelque maniere que l'on puiſſe enviſager cette affaire, l'Intimée ne peut ſe flater de réuſſir dans ſa prétention, pour prétendre un droit de planty & d'abbaty, à l'excluſion du Seigneur Haut-Juſticier, il faut avoir Juſtice Viſcomtiere, l'Intimée n'a que la Juſtice fonciere, c'eſt une verité démontrée par un titre autentique produit par l'Intimée, quand on lui ſuppoſeroit une Juſtice Viſcomtiere, elle ne s'étendroit point ſur le paſchis dont il s'agit, c'eſt ce qui eſt jugé par l'Arreſt de 1696. & le droit de planty & d'abbaty du Proprietaire du Fief de Souchet, ſe trouve fixé & limité devant ſon manoir, au-devant de ſes foſſés, devant le ſault de ſon moulin.

Monſieur L'ABBE' LEMOINE, Rapporteur.

M[e]. DOULCET, Avocat.

BROUSSE, Proc.

De l'Imprimerie de la Veuve KNAPEN, rue de la Huchette, à l'Ange 1731.

www.ingramcontent.com/pod-product-compliance
Lightning Source LLC
LaVergne TN
LVHW050513160826
845677LV00003B/1112